Jeton KELMENDI

RRUGËTIM
KAH
VETVETJA

Arbëria
Design

Tetovë, 2012

Recensent
Salajdin Salihu

Redaktor
Daim Iljzai

Botues & shtypi
ArbëriaDesign, Tetovë

Ballina & radhitja kompjuterike
Afrim Bulica (ArbëriaDesign)

CIP

Recension

Recension

SI SHKOHET PËR TË VETVETJA

Kapërcej shtete
Fusha male e dete
Krejt me çka ka
Bota
Rrugëtar i shoqëruara nga ditë e net
Mikeshë
I shëtis minutat në jetën time
Derisa të të takoj ty
Hej
Ç'bën këtu
Sa herë shëtisë brenda
Vetvetes
Të takoj ty
Tek secili udhëkryq
Nga një shenjë e jotja
Nga një dritë e gjelbër
E imja
Në qiell m'shndrisin sytë tu
Sa i gjatë
Udhëtimi im
Nëpër këto udhë
Që vetëm unë i shkeli
I kapërcej me shpejtësi
Duke u orientuar
Me shenjat tua
Hej
Ti njeri i çuditshëm
Sa është ora
Çfarë date është sot
Muajin e di
Viti
Është viti i mbarë

Kur kalova vijën
EGNATIA
Dy zonja ulur në barë
Më prisnin
Njëra më shfaqej
Si Dielli
Tjetra si Hënë
Kur mbërrita pranë
Tyre
Sërish ti ishe
Zonja e parë
E dyta
Dashuria
Timonierja e brendësive
Biseduam gjerë e gjatë
Për gjërat
Dhe asgjëtë
Sa shumë i zbrazëm
Krojet e fjalëve
Sa thash me vete
Këto janë me siguri
Një botë magjike
Dhe u nisa të kthehem prapë
Te vetvetja

Nëpër ato shenja duke u orientuar
Diku në mes të rrugës
Kthimit

M' përftoj një Zanë Mali
I frikësuar tek po i afroheshim
Njëri tjetrit
E luta
Mos m' shito

Rrugëtar jam
E po kthehem tek vetja
Butë bëzani
Dhe m'bekoj prej toke
E në qiell
Po si zë i njofshëm m'u duk
Hej mrekulli
A edhe këtu më dole a
Është vonë
Tani po vazhdoj rrugën
Nesër ndoshta mbërrijë

Cili njeri
Kishte mundur me udhëtua kaq larg
Po e pyesë poetin që ishte
Tek e shikoja
Atë që se shihja
Dhe me ferk të mëngjesit
Mbërrita
Të porta e shpirtit
Dy rreze me prisnin
Hej njeri
Sërish u takuam
Ti dhe Unë e princesha ime
Tani më duhet ta pranoj
Se ti në mua
Je vetë Unë
Gjithë ky rrugëtim
Për të arritur deri te vetvetja

Paris me 28 mars

PËRTEJ VETVETES JETONTE

Tani ka ardhur tek vetvetja dhe jeton me engjëjt (Nënës Terezë)

Sa vjet kaluan
Nga një shkuarje e madhe
Përtej vetes jetonte një mrekulli Albanika
Me dy shpirtra
Njërin për zotin tjetrin për njerëzimin

Ishte pak Gonxhe pak Kalkutë
Më shumë Albanika e më shumë dritë
Njerëzimit
Lutej dhe bëhej vet
Lutja

Ilirika
Nëna jonë Terezë
Më 1978 paqja të ra në emër
At vjet nëno
Unë erdha në këtë botë
Tash
Kur më duhet krenaria
Shkoj në Krujë te Kastriotët
E i thërras Gjergjit
Kur më duhet një yll
Universi
Dal në Kodër të Diellit
I bëj zë Rugovës

Nëna jonë Terezë
Me lutjen tënde kam rënë e jam
Zgjuar
Dardan
Engjëjt që jetojnë në qiell

Buzëqeshën dhe pritën
Slikuarjen tënde
Të madhe
Sa vjet u bënë
Dhe atdheu po bëhet gati
Për një ditë tjetër
Albanika
Vazhdo lutu për njerëzimin
Jetimët tu
Për tokën e shtrenjtë
Që i thonë

ILIRI
Kaluan sa mote
Që shkove
Këndej po vijnë do tjerë
Gonxhe
"E di një fjalë prej guri"
E mësova n'Shkrel
Edhe një pallat ëndrrash e kam diku
Tha Kadare
E tash
Bekoj edhe gjurmët e Prekazit
E të Glloxhanit
Ato zhgjëndrra i pamë me sy
Ati ynë në qiell
Na shikon me simpati

Thuaje edhe një fjalë
Shqip
Zoti e bekoftë Arbërinë
Ndize një kandil ndriçues
Ilirikase
Kjo është e para

9

Çdo kush e din
Nënë ti je vet drita

Shkuarja nuk është e lakmueshme
Për kurrkënd
Veç kur shkohet si ti nënë
Është shkuarje e mrekullueshme

Edhe Jezusi dinte për albanët
Po moti i keq na pat marrë
E çka t'i bësh fatit të zi
Fqinjët na qëlluan të tillë

Përtej vetës ke jetuar
Dhe tani ke ardhur po jeton në vetveten
Përjetësi
Bashkë me engjëjt

Të ardhmen tonë të nesërme
Sillna sot

Lutu bre Nënë edhe një herë
Se dhjetori m'ka frikësuar
E nuk di çka po më shohin sytë

Më bëhet se të ftohtit të Dardanisë
Po i vonohet pranvera

Dardanika
Mos harro edhe katër pjesë
T' ndara
Nënë ti je emri ynë që shndrit në qiell
E tokë

Fillim dhjetor 2007, Bruksel

NJË HERË DO TË NISEN DITËT

Qysh të ta them një fjalë
Timen, të butë e të thekët

Ndaj së mirës përherë
Duhet të flasim bukur

Ç'u duhen moshës sonë
Qëndrimet prej të cilave s'kemi gjë

Nën fije të flokut, mbi vetull
Shfaqet një dashuri

Në qetësinë e hijes mrizuake
I rashë në damar mendimit

Një herë do të nisen ditët
Nga e para

NË SYTË E SAJ

Kujt si vashës
I rri mirë bukuria

Në sytë e saj
Dashuri lirie gurron

Ç'bukuri e vashës
Ç'bukuri e vargut

Lum kjo bukuri

MË SHFAQET FYTYRA JOTE SYARTË

Sonte mund të ngopet vjeshta me natë
Hëna ra n'dritare

Më të mirat
Vargje
Do t'i shkruaj për Ty
Mike e zeshkët

Ndoshta të ka zërë gjumi
Para se të bëhet
Dhjetë e dhjetë
Unë i bëj gajde vargut
Fjala ka natë sa të duash

Ora
Kapërceu mesnatën
Qielli zbriti në vargje
Dhe rrallësia e yjeve

Më shfaqet fytyra jote
Syartë
Si në kohët e vjetra
"Prej njaj shpati t'i lshova sytë"

Tiranë, nëntor 2004

ËNDËRROJ PËR FJETJEN E SAJ NË MUA

Sa të duash
Ik prej dimrit tim
Antisagë që s'ma njeh pranverën

Te ti rritet kureshtja
Pritjes që e frikëson natën
Gjumi bëri një mrekulli
Ëndërroj
Për fjetjen e saj në mua

Lirisht
Le të themi se shkoi
Të hesht ankthshëm
Pa më të voglin
Shqetësim

Ujë more ujë i etjes së saj

Ndodhitë zbritën sot në tokë
Erdhën siç nuk pritet
Befas
E sollën me sy prej meje

AGIMET TUA TË LARGËTA

Nuk më bënë përshtypje
Kurrë
Letrat e vetmisë
Agimet tua të largëta
Të mbërrish tek unë
Të ka marrë moti i mirë
Prej shtatë ditëve
Një natë
Bashkë
Për ta kaluar
Pa heshtje

SYTË E NATËS PO VETËTOJNË

Sonte
Nuk të mbërrin dora ime
As sytë nuk mbrrinë
As afër qytetit tënd
Mbretëreshë
Ke diçka brenda meje
Ose më ka zënë orë e ligë
Sytë e natës po vetëtojnë
Qiellin e mendimit po e zbardhin
Deri mbi ty
S'ka mbërritje
Në mbretërinë e natës
Barsë

Nuk të takojnë hijet e dorëzgjatjes
Mbrëmja e sotme pa mbretëreshë

Ç'KËRKON TANI
NGA ZHGJËNDRRA

Ishte rrugëtim i zekthët
Gjithçka merrte me vete
Shkuarjet ardhjet
Pritjet mospritjet
E ti
Ëndërroje me shumë lirikë
Për dashurinë
Të gjitha drejtimet kishin një rrugë
Ti që nuk ia prishe qejfin ëndrrës
Ç'kërkon nga zhgjëndrra
Ku e djeshmja bëhet e pardjeshme
E nesërmja e sotme

Të gjitha të miat i more me vete
Dhe i trumhase larg meje
Larg teje
Një asgjë së cilës
Përherë i jam frikësuar
Që të mos bëhet tepër vonë

Bruksel, 15 nëntor 2007

17

Jeton Kelmendi

SA E HESHTUR ËSHTË NISJA

Merr me vete të sajat
Se ia mësojnë rrugët

Krejt fijet si era i frynë
Sikur nuk është duke ardhur

Hap pas hapit
Si të ishte maje ikjes

Te koka e saj
Kapërcejnë vjeshtat

Sa e heshtur është nisja
E shkuarja mbyllet si vetmia

Kushedi se
Para është ardhja ose shkuarja

FRYMË LOZONJARE

Lazdruar kam qenë mbrëmë
Të kam ëndërruar
Më të bukurën e krejt netëve
Deri ku mund të shkel këmba e njeriut

Sa herë që erret niseshin për ëndërr
Doja të isha
Bardha që mbështjell trupin
Vjeshtës ia lidh të dyja këmbët
E bukur moj
Më e bukura e rruzullimit

Nuk bëjnë as pesë pare fjalët më të
fjalëta
Lazdrake
Pse s'bëhesh më lozonjare
Se fryma
Të frysh kah qielli im

NË ANËN TJETËR

Gëzueshëm të prita dje
Mos po të takoja
Diku në gjysmën tjetër
Të zhgjëndrrës
Në katin e njëzeteshtatë
Të pallatit Noid
Desha ta bëjë një sy gjumë
Me ty
Tek kur shkoi gati krejt nëntori
M'u kujtua se me njëzeteshtatë
Ka mundur
Të vijë më e bukura e botës
Më i madhi i fjalës
Ka mundur
Të thotë pa folur
Njëqindenjë ndodhi
Kanë mundur të ngjajnë
Por ja
Moti ka kaluar vetëm në anën
Tjetër

Prishtinë, më 27.11.2005

MERR PAK QIELL TËNDIN

Merr pak qiell tëndin
Të ditës së sotme
Na mbet pa mbuluar lëkura

Nuk ma merr mendja t'i shoh
Vendet e tjera
Pa qiellin Tënd e Timin
Të na rrijë përmbi

Qetësohu e dashur
Qiellin do ta nxjerr
Nga fryma ime e epshit

Do ta bëj fjalën zog
Cicërima nga gjumi do të zgjojë

Tiranë, 4 prill 2005

NËSE E ZË ËNDRRËN NATA

Mbrëmja nuk është e hënë
E terri prek langoit e natës
Pranvera lidhet për një fije bari
E shtrihet trup e tërthor
Në sytë e saj
Të paparë prej syligëve

Më ftoi të shkojmë në vargun tjetër
Komitçe
Nëse e zë ëndrrën nata
Si të hyjmë në lojën e pambarim

Nuk është as e martë

SI TË TË PAGËZOJ

Si të të pagëzoj
Me fjalë apo me zemër

Ora e madhe
Ditën zbardhi me ty

Si të të pagëzoj
Me fjalë apo me ëndërr

Ora e kësaj dite
Më mbjell thinja në kokë

Si të të pagëzoj

MËDYSHJE

Të jem flokë, bardhushë
Të lëshohem qafës sate

Apo të jem ajër
Të më thithësh për frymë

Të jem mendim
Ta pushtoj kokën tënde

Çfarë të jem

PUTHEM ME FJALËN
BUZË MË BUZË

Me vistër ditësh sulmove në mua
Me ty të bëra ballë
Në prehër të moshës sime gjithnjë pres
Puthem me fjalën buzë më buzë
Sy më sy shikohemi
Lulja ime
Aroma e shijes sime
Dritë mbushur plot natyrë
Ashtu si flokët tua kaçurrela
Si buzët tua
Si hëna që zbardh natën
Filiz stine
Lulja ime
Pranvera ime

PËR ETJEN TIME, PËR ETJEN E SAJ

Si kroi më gurron dashuria
Rrjedh pa u shteruar
Pa u plakur

Dikush di më shumë
Për etjen time
Për etjen e saj

Mali me malin
Shikojnë prore njëri-tjetrin

S'di pse të plakem

Si t'ia bëj
Të burojë si kroi
E të mos plakem

MERRI ME VETE GJURMËT

I rashë tërthorazi mendimit dhe vajta
Pa ditur ku dilet

Heshtja dhe ëndrra kurrë s'bëjnë punë
Ruaji kujtimet
Rrugëtimet merri me vete
Si mendimet

Merri me vete gjurmët, nëpër të cilat
Erdhe e shkove

Merre atë natën e martë, sille tek unë
Ta gjykojmë

Edhe atë dritën e Hënës lazdrake që na pati thinjur
Të gjitha merri, nën çadrën e syve të mi
Ndryj

T'u japim një shenjë pa emër
Gërmadhat e mendimit të na bëhen muze kujtimi
Mbylli të gjitha të mos i zërë harrimi

Mbylli të gjitha, pos meje, pos teje

PËR ATË QË NUK
E THASHË DJE

Të më falësh
Ajrin e stinës së re
Lirikën e zogut

Dhe fjalën që desha ta them

Të lutem
Për atë që nuk e thashë dje
Sot
Për nesër mos harro

More pak ajër bjeshke
T'ua derdhësh fjalëve

T'ua kujtosh pranverën
Stinëve
T'i bësh të fryjnë
Frymët

KUJTESË NË VARGJE

Aty te guri i madh
Nuk më gjen më
Hija e tij më zëvendëson
Aty mbi bari të verdhë
Nuk ulem më
Ka mbetur vetëm kujtimi

Mike sa e fortë ishe
Thoshe s'mund të kaloj
Pa të parë bile një herë
E shkuan muaj
Stinë
Vite
Mike sa e fortë kishe qenë

Vargu i butë, i egër
S'ka më gjak fjala
S'thuhet më
Krejt çka kishim pasur bashkë
Një varg
Majë kohës që iku

Ulpianë, 25.07.2004

29

BUKURINË E FJALËS
MA MËSOVE
(Azem Shkrelit)

I venitur mendoj të shkuarën
Që më dhemb tashti

Shkreljançe më tregove në vargje
Fatin tonë prej motit

Bukurinë e fjalës së vargut
Ma mësove

Sa ngushtë e pata të pamit
Çfarë force më dhe

Të shoh dhe pse s'të takoj
Nëpër ujëvarën e vargjeve

NJË FJALË MBIU
NË TOKË TË GJUHËS

Thashë me vete
Fijet e këputura të gojëdhënës
Është mirë
T'i mbajmë në dorë

Mendjemira
Që gjithnjë rri vetëm
Pusho nga një herë te votra

Kurrë s'ke qenë si sot

Sa çel e mbyll sytë
Një fjalë
Mbiu në tokë të gjuhës
E u rrit deri në qiell

Lëshoi rrënjë deri në ka të zi
E sotmja kujdeset për nesër

Pas
Ujëra e dhera të tjera
Një varg poeti
Bashkë me vetëtimën e tij

Tungjatjeta Drinftohti
Do të shihemi
Një ditë ndërmjet brigjeve

Bruksel, 2007-02-27

31

ZJARR PËR SECILËN FJALË

Më rritesh për ditë lisi im i mallit
E unë kërkoj
Zemrës së vargjeve
Natë, heshtje
Sy të dehur
Zjarr për secilën fjalë
Për secilin varg
Kërkoj
Bukurinë e dritës
Mrizimin e fluturave në vapë
Pushimin plot hir të kohës së vjeshtës
Dimër të bardhë në ujëvarën e moteve

Të pushojmë njëherë me ty e dashurinë
Nën hije degësh

U SHTRIMË NË FUSHËN
E NJË FJALE

U shtrimë
Në fushën e një fjale
Unë dhe sytë ngjyrë
Qielli
Që më rrinë gjithmonë
Përpara

Motit ia mbajtëm
Përmes
Shiut dhe diellit

Do të kem kohë
Për veten
Vajzën e vargun

Fjalët
Të falem për mrekullinë tënde

MERR NGA FJALA

Nga fjala
Merr
Çfarë të japë

Pak
Më vonë
Kërko edhe diçka
Tjetër

Edhe po s'të dha
Jii gati
Ta marrësh

Jep shumë tani
Të marrësh më vonë

KUNDËRFJALË

Dija hallin zhgjëndrrës
Kur s'ke çka të thuash
Mësohu të heshtësh
Hijshëm

Shtatit të kundërfjalës
Mos ia ke besën
Sot e në ditë të përmbytjes
Ruaju prej vetvetes

Të drejtë kam të himnizoj
Me emrin tënd
Dhe vjeshtën që të njoha

Pranverat tua me verat e mia
Si jugu e veriu
Lindin e perëndojnë

Me ligj të botës flasim nesër

M'U KA LODHUR FJALA

Ani pse vjeshtën
Ta pashë në dritë të syve
Desha të të pyes
Për natën e Prometheut
Për pak rrugë që të shpjerë
Ku nis të lëshojë rrënjë shikimi

M'u ka lodhur fjala

As që të thash
Se jam poeti i vjeshtës
As që kam dremitur në vargje

Desha të të mas me Hënën
Mike
Kur të kthehem te kufiri i ajrit
Do të ftoj për një rrugëtim
T'i kapërcejmë vijat Egnatia
Së nesërmes ia kemi përmasat
Një edhe një

Bierzh, verë, 2006

NË KULLËN E GURTË TË HESHTJES

Aty nis e perënduar heshtja
Si në gjysmë të natës e shtuna

E diela e fjala e dhënë
Presin të shihen me ne

Gjithçka perëndoi dje
Dikujt i ra harrimi

Lirika e këngës
As zëri i Lahutës
Nuk dëgjohet në kullën e gurit

Moti bën
Si në më të madhin dimër
Aty nis e perënduar edhe stina
Këto janë ditët tona

Rrjedha e kohës lirikë dashurie
Dhunti e Zotit

Nuk ndërrohet vargu
Se ka gjak fjala

HESHTJET VIJNË TË EGRA

Kapërceu ujin e madh
E unë rri si nata në degë
I bardhë t'i bëhet fundi
ëndrrës
Heshtjet vinë të egra
Dymbëdhjetë ëndërrime për një syçkë
Syzezë
Në dhomë
Kur drita zbardhi
Fshehtas
Cingëroi telefoni
Unë gjysmë i zgjuar
Flas
Përtej fjalës
Aty mbetet timbër i hollë
Kujtimi
Sa me gjuhë të afërt
Flasin largësitë

NUK KISHIN KOHËT KOHË

Ti e di legjendën vajzo
Sa udhëkryqe i ka nata e Faraonit

Te Guri i Prevezës e Molla e Kuqe
Pushojnë stinët e rënda

Rrugëtim për një nëntor tjetër
Gjithçka vjen me Ty

Po rritem për dy pëllëmbë Dhé
Ditë përditë po i kalërojmë stinët

Sa herë desha me të dashtë
Nuk kishin kohët kohë

Rrugët e gjata e netët pa Hënë
Kapërcyen në heshtje motet
Kënga jote më shtihet
Si nëntorët e vjeshtave të vona
Kjo nuk është kohë
Është verë e valtë

Dukaivë, korrik 2004

ËNDRRAT E MUROSURA

Tashti nuk u besoj më
As fjalëve
Që i thua me gjithë zemër

M'i kthe të pathënat
T'i mbuloj me lule

Gjuha e gurtë
Është ajo që nuk flasim

Mbase do të guxojmë
T'i fikim qirinjtë

Ëndrrat e murosura
Në dhimbjen e pritjes

Në perëndim s'ka peizazh të bukur

KU T'I VËMË PRESËN KOHËS

Ndezur
Secili vjen me nga një qiri në dorë
Dhe heshtin nën hijen, ku i theu dhëmbët
Durimi

Drita
Ngutet erërat t'i zërë maje bjeshke

Larushi janë shllimet

Çfarë kohe, erdhi tinëz e m'i mori synimet
Shogë më mbeti balli
U zgjuan gjinkallat e i thanë kroje e lumenj

Shllimet e mia të pafat
Vështirë se na vjen dita
Rrudhave të historisë nëpër hapat
Tanë të imët

Ku t'i vëmë presën kohës
Thua se do të ndërrojnë motet
E dita të prehet në idilë

PËRTEJ FUQISË SIME

Më shpinte përtej fuqisë
Sime
Durimin te maja që takon diellin
Ma mbante

Fryma nxjerr heshtje
Që ia zbusin duhinë mëngjesit

Çka
T'i bëjmë vetes
Mos ta presim e të na vijë
Pas

Niset një ardhje
Pastaj i bëhet vonë e lind

Prapë se prapë vetëm

Pikë i vë fjalës
Dhe pret
Nuk di se kur ka kohë

Në atë tempull vë dy gurë
Bashkë
Njërin për vete e tjetrin për
Të

Dhe vazhdon pritja

Sikur
Ta dimë pak lojën
Do të rriteshim
Bashkë me besimin   *Auderghem, 22 shkurt 2007*

RRËNJË NË ZEMËR

Përtej kufirit
Te varri i trimit të panjohur
M'u bë sikur më thirri dikush

S'më kujtohet asgjë tjetër
Veç kënga e marshit të rojeve
Të atdheut
I mbytur në dimrin akullsor

Nga thellësia e ndjeva zërin:
Atdhe
Sa herë që të deshëm
Vdiqëm nga pak
Rrënjët i ke në të shtatën shkallë
Të zemrës
Në të shtatën palë të dhimbjes

Më fal pak mot të mirë
Atdhe
Sa ta mashtroj ëndrrën
Këngët malësorçe i humbëm rrugës

KRUJA

Gjashtëqind vjet pas lindjes së Gjergj Kastriotit

Atje
Kam parë si di të shkëlqejë
Guri
Të fisërohet syri
Që vëren
Ku u lind ai Burri i burrërisë

E zemra të bëhet mal

Atje
Kam dashur t'i hip kalit
Ta lodroj
Poshtë e përpjetë
E të pi ujë bore te Kroi i Mbretit

E koha e zhveshi
Ngjyrën e vjeshtës

Sa të Krujta fjalët e një plaku

Kam menduar
Ku do të gëzohem më së shumti
Të më pikë loti prej gëzimit
Të shoh si i bie hija
Kalasë

Atje
Kam pa si të burrërohet
Fjala
Si duhet
ATDHEU.

BESA IU BË GUR FJALE
(Besnik Lajçit)

Vuri dorën
Në kokën barsë me mendime
Malsorçe këndoi me Oso Kukën

E thirri Qafa e Hajlës
– E prilli i thyer –
Bjerrë nga guri i kufirit

U mendua Besniku i bjeshkës
Besa iu bë gur fjale
Pushoi dhe u nis botës tjetër

Pastaj ia thithi ajrin Rugovës
Dritën Diellit e fjalën gjuhës
Mbështeti kokën në Kërrsh të Kuq

Ra vetëm të pushojë

TE MRIZET E DUKAJVE

Te mrizet
Kur ka hije mali
Dua t'ia prek flokun zanës

Aty i ndihet era gjethit
Halor
Verës prej gushtit

Ndoshta ka mbetur ndonjë fije floku
E ngjitur në rrëshirën e pishave
Dhe bari i shkelur
Prej kotësisë së çupave

Dua të shoh plakun
E përrallave që na i mësonte
Fëmijërisë
Te mrizet
Përtej Gurit të Nikë Dukës
Ndoshta aty është duke pushuar

Do të më thotë sa qenkam rritur
Burrë qenkam bërë
Po zëri yt
mallin s'po ma shuan
Te varri i Ramçit janë prishur
Krejt gardhiqet
Veç Shehu i Love ka mbetur She
Bari e zë barin e kalbet

Në anë të Hartinës, thonë,
Moti s'është dëgjuar qyqja duke kënduar

Mund të jetë mërzitur
Bariu nuk i bie më tyellıt

Është shurdhuar
Lahuta e babës Hysë
E kulla është bërë rrafsh me tokë

Edhe gurët e shkollës ku kemi mësuar
I ka mbuluar bari
E psherëtijnë
Nga dhembja e muranave

ILIRISHTE

Nuk matet me asgjë
Pesha e trupit tënd
Forca e ajrit
Ngadalësimi i shpejtësive

Nuk të shihet as anadrita
Sikur
S'ka njësi matëse trakeje
Ose
I kapërcen të gjitha
Për shpirt të fjalës
Je
Një nëngram harrimi
Tej veshit e syrit

Njëqind e një mijë vjet
Mendim i ndritur
Je
Dhe kurrë
Kush me t'mat s'ka mundur
Atdheu im i Zotit që ma dha emrin
SHQIPTAR

Auderghem, shkurt 2007

PËR KURAJË

Një ditë
Do të vijë dita ime

Nëse është e vërtetë se
Gjithkush e ka nga një ditë

Dhe Unë do të dijë ta pres

Do t'i ketë bukë toka
E ujë kroi
Sa t'i mbush zbrazëtitë

Po
Çfarë të bëjmë me ty
Mosbesim në nesër

Në pikë të hallit à ajo ditë

Vjenë, verë 2006

49

ZONJA FJALË E ZOTËRI MENDIM

1

Kam fol pak
Ndryshe
Tepër ngadhënjyeshëm
Zonjushe
Por them
S'ma merr për të madhe
Fundja fjalët e një poeti
Janë
Dhe ti e dinë se lejohet
Mendimet e veshura me i zhvesh
Cipë cullak
E të zhveshurat
Me i veshë me kostume të qejfit tem

Ose
Nëse për ty ka mjaftua
Të them të dua
Atë që ia thotë gjithkush
Gjithkujt
Edhe burri gruas vetë
Zonjushë
Unë kam krejt tjetër mendim

2

Sikur
Mendimi s'ka vlerë pa fjalën
Apo fjala
Ç'thotë pa e lodhur mendjen
Shpirt njeriu
Ti je zonja fjalë
E unë zotëri mendim

Krejt kështu i kam pa
Vetën me ty e ty me mua
Bile
Edhe këtë formulë dashurie
Gjithandej
Nëse ka mbet ku pas
Modernizimit

Prandaj
Zonja fjalë je e bukur
Kur zotëri mendimi
Ta jep bukurinë

3

E hë de
Duhet m'u pajtua se
Heshtja
Na vëzhgon ankthshëm
Çka po bëhet me ne

Po nejse ma
Zonja fjalë
Dua me të puth tash
Veç një herë
Se e dyta e treta
Nuk e di si vijnë

Liria le të rrojë e lirë

Edhe fjala
Edhe mendja
Le të flasin çka
Të duan
Unë
Tani dua puthjen e parë

Paris, korrik 2006

NËN HIJEN E KUJTIMIT

Të kisha thënë diçka të harruar
Atë që s'të kujtohet as nesër

Harrimi bëhet gjithnjë e më i vjetër
Atëherë kur rrugëton heshtja

Te lisi i tharë prej diellit
Po të pres
Në radhë me vargun
E varur në cikol të mallit

Aty pritet vetëm e dashura
E unë u ula me pushua

M'u shter vjeshta ose ra drita
Provova
Veç me t' thënë diçka

Qershor, 2004

Jeton Kelmendi

DASHURIA BANON ME QIRA

Sa shihet
Dashuria banon me qira
Mbyllet në një pikë
Dhe i tkurr majat
E mendimit

Luan me ditët si me figurat e shahut
Kur të vij fundi
Pa fitues
Atëherë
S'mbetet më veç një lojë
Tjetër

MBRETNESHA E NATËS

Nuk të mbërrin dora ime
Sonte
As sytë s'mbërrin as deri
Afër qytetit tënd
Mbretëreshë
Ke diçka në brendinë time
Ose më ka zënë orë e ligë

Sytë e natës po vetëtojnë
Po e zbardhin qiellin e mendimit
Deri mbi ty
As që ka mbërritje
Në mbretërinë e natës
Vakiçare
Nuk të takojnë hijet e dorëzgjatjes
Mbrëmja e sotme pa mbretëreshë

PËR GOTËN E MERAKUT

Pije njeri
Gotën tënde
Verën e kuqe të merakut
Saj

Pije dehshëm
Shtere
E mos ja le
Pikën
Vargut
Që shkruhet vetmishtë

As kështu
I pa dehur s'je njeri

Vjeshtë 2006 Paris

PSE MA MBAN MINUTËN TIME

Tani
Është diçka e imja e jotja
E sodit
E kush e di kah e ka rrugën
Kah e frynë fryma

Është shfaqur diku si pikë çuditëse
Herëve tjera
I kishte dalë vetes dore dhe i binte rrotull
Ardhjes e shkuarjes

Tani
Është diku tek unë diku
Tek ti
Po ku ta takojmë ndërmjet dy mureve
Të katër syve

Ka nis me marrë frymë
Zemërimi
Ardhjet po janë të vona

Pse ma mbanë minutën time

Tani
Po të pres ty edhe veten
Ku ta dijë unë
Kur i vijnë shkuarjet minutës time

FILLIMI

Paksa i llastuar
Del prej natyrës nismëtare
Pastaj i kapërcen krejt kufijtë
Dhe asnjë pikë se len pa i ra
Rreth e rrotull

Anatemë
Shumë herë e mbetur banore
E ëndrrës
Qendrën e ka përtej vetes
Qoshkun tek në anën tjetër
Fillimi
Është kulla pa mure
Pa kulm
Themeli
Aty ku ia fillon ti

SHKRIM PAS MESNATE

Në letrën me pika të kuqe
Ku datat i shkruaj
Dhe vakitë
Pështyva
Fjalën e madhe Liri
Dhe sërish më doli gjumi
Ëndërrakeq
Prapë i shkrova letër
Vetmisë time të trentë
Tung nga
Unë
I yti Atdhe

Më teproj mjaftë kohë deri
Nesër
Hej sa e gjatë është nata
E letrave

Tung vetmi
Me laps e pa kurrfarë ideje
Takohem me ty
Ku zë as cik s' bën
As tash nuk po kuptohemi

Ani de
Që gjuhën e shpirtit
Mallin e Dardanisë
Po mi merr
Në një varg timin varesh
Dhe ndjehesh artistik

Tung pra
Më ka mbetur edhe mjaft kohë
Deri nesër

DASHURI MËSOMË
SI ME DASHTË

Kam vrapuar
Ditë e natë nëpër vite e dekada
Jetës sime
Dhe luajtur kam bukur shumë me të
E shpesh hile m'ka bërë
Krejt vonë diku
E kam marr vesh po nejse ma

Henes
Tash më ka ra ndërmend diçka
E unë po matem me veten
Kam veç një gjë me t'u drejtua
Dashuri
Mësomë si me dashtë
Se mendja ma merr nuk a vonë
Vonë s' është kurrë
Thonë
Po unë nuk i besoj ma kësaj
Të besoj ty si fëmija përrallës

Mësomë
Ama
Si me dashtë
Jo m'u dashurua

Edhe nëna
Më pat mësuar si me ecë
Po krejt jeta m'shkoj vrap
Vrap

Njëherë dej u rrita
Vrap
Me u kthye prej maleve
Aiii
Sa rrugë deri te ti sonte
Mësomë
Tash pa hile dashuri
Sa me dashtë

Në modë është
Me marrë njëfarë tisi të hollë
Të mendimit
E sytë me i sjell rrotull
Diku pak
E diku më shumë
Me u marrë erë luleve të njerëzimit
Femër
Krejtësisht pa kurrfarë orari
Dashuri
Mësomë kur me dashtë

Tanë janë çua në këmbë
Secili
Sipas kutit të vet mat
Rëndësinë e kohës së rrugëshkurtës
Derisa disa nuk flasin të tjerë thonë
Ç' është një e zezë
Duan veç ata që janë primitiv e koha
I ka shkel
Me dashtë a si mu deh me raki
E çka tjetër s'thonë
Dashuri
Mësomë pse me dashtë

NË VEND TË PËRGJIGJES

Ishte rrugëtim i zekthët
Gjithçka merrte me vete
Shkuarjet ardhjet pritjet mos pritjet
E ti
Ëndërroje më shumë lirikë
Për dashurinë

Ndodhi
Që të gjitha drejtimet kishin një rrugë
Të përbashkët
E ti prapë i pae e s' ja prishe
Qejfin ëndrrës

Ç' kërkon tani nga zhgjëndrra

Pastaj
E djeshmja bëhet e pardjeshme
E nesërmja sot
Ti je e djeshme pasdite
Këtë besoj e dinë ti

Kujtoje
Ishte rrugëtim i zekthët
Të shkuarat të ardhurat të priturat
Të djeshmet
Të sotshmet
Të gjitha të miat i mori me veti
Dhe i deponoj larg meje
Larg teje
Një asgjë që gjithnjë ja kam pasur
Frikën
E sot
Sot është tepër vonë

15 nëntor, Bruksel 2007

KA ME T'MBËRRI
NJË ARDHJE

Loja ka më shumë rregulla
Se teoria e zotërimit
E vargu i poezisë

Është më e komplikuar se kaç

Natës kur i duhet terri
Rrugëtoj në avionin e mendimeve
Vend për vend lë nga një minutë
Timin
Minutë tëndin

Të dera e zemrës
Një dimër fjale
Pret pranverën

Se
Ardhja ime
Ka me t'i mbërri tanë majat
Ka me t' gëzuar pa masë

Bukuresht prill 2008

PROTESTË

Ia shterëm edhe orët e fundit
Kësaj dite
Gjithkah më çoj mendja hap pas hapi
Kurse
Ti je vonuar
Derisa fjala po matet pas hijes
Tënde
Pashë në orën e murit
E diela ia dorëzoj komandën
Javës tjetër

Më bëhej se
Ca minuta më rrëshqisnin nga gishtat
E dorës
E zemra t'i hapi dyert
Prej atij hapi që se bëre kurrë

Ku janë fajet
Në cilat zhgjëndrra t'u kanë ngatërruar
Këmbët
Tek i përzien koha kujtimet

Pse varg më shqetëson bash sonte
Kur atdheun e vashën i kam
Larg
Edhe vetën e kam larg tepër larg

Më erdhi fjala që kurrë se them
Sa maja Mont Everest ma ngriti
Mëllërin
E ti mike vazhdo flejë larg

Meje

Zakonisht
Natën je më së largu
Kapërcen tërë kufijtë e mi
E unë
Vetëm po heshti dhe luaj
Me ditët

Londër 20 Maj

DIKU JASHTË

Egoja e shpirtit të një personazhi
Ose përformancë përmasash gjigante

Kam vendosur
Siç thuhet
Me një mendje
Me i kapërcye rrugët e gjata
Deri tek porta e shpirtit
Tënd
E ti po deshe më bëj
Konak

Nëse më zë vapa e verës
Sate të nxehtë
Hape pak dritaren e zemrës
Të hyj pak freski
Fjale
Po deshe t'më bësh vend
Bëj
Të jem pak komod
Jo veç
Sa për t'strehuar kokën

Në pasqyrën e syve
Më bëhet se jam yll i qiellit
Të mendimeve tua
Ndoshta
Ndodh siç thonë
Fryma
Hyn për vesh të gjilpërës

Nëse ta merr mendja mbylle portën
E shpirtit

Me shkronja të kuqe shkruaj
Emrin tim dhe vendose në derën
E shpirtit tënd
Atëherë dihet se ajo kullë
Ka një zot shtëpie

HUTI OSE NDALIM
TE PIKA ZERO

Manifestoj të dielave
Cakërroj dy mendime si dy gota
Njërën për ty e tjetrën për mua
Tëndin

Kapërcen e kthehet prapë zemërimi
Të dielave të mia me nga një
Çerek kujtese

Sa për ta ditur lojën e cakërrimeve

Më alarmon koha
Pas orës dymbëdhjetë
Për një çast me ty e sa të dielat
Kanë kaluar

Numëroj vetëm javët
Prej javës
Tënde shfaqen një mijë e një
Mendime
Në drejtim tëndin
Ti je larg tani

Gëzohem të dielave
Lexoj qejfin tim me shkronjat tua
Që atë ditë marr nga pak te ti
Kur do ta kem në dorë
Çelësin e zemrës
Do ta hap derën e kohës dhe unë e ti
Do të bëhemi bashkë
E hëna

I VURA RE MENDIMET

I mblodha fjalët e shpirtit
Në një çantë dore
E i lash vetëm, me një anë
Më leni të qet tash

Disa
Më erdhën pas hijes
Të tjerat mbërrin para
Meje
Te shtrati im ku flenë edhe ato

I numërova krejt shkuarjet
Ardhjet po ashtu
Me kujdes i barazova
Më çoni apo bini tash
Si e keni rendin

I vura re mendimet
Zbardh ishin flokëve, për një ditë
Dhe më erdhën bashkë me ëndrrën
Në takim me vajzën
Tung shpirt për sonte

Ua mbylla veshtë syve
Fjeta
Me inat të mos dëgjoj shikimi

FJALA KAPËRCEU HESHTJEN

Dje jam mësue
Me heshtë
Me folë pak
Jam mbush frymë t'idhnimit
Zonave të këputuna
Syve tu
Kaherë kam nis me ardh
P'ej teje
Me t' folë heshtun
Me t' kallxue
Për ty e
Për veti

Dje jam hamendun
Me t'thanë
Se je
Buka e vargjeve
Uji i fjalës
Unë për ty
Kanga më e këndueme
Prej motit

Dje kam dashtë me heshtë
Me folë pak
Me u ba hije
Me ta zanë dritën e diellit
Kam dashtë
Me i kapërcye

Vakitë
E krejtë njerëzimit

Dje kam pa
Si mundem
Me u gjet
Ma p'ej teje
Herët a vonë
Dje
Jam mundue
M'u gëzue ma së shumti.

Maj 2005, Prishtinë

Jeton Kelmendi

ÇAST

Sikur të isha shi
Sonte
Krejt rastësisht do të pikoja
Në faqe
Ama
Pikë që rrjedh ngadalë

Shikimin përballë teje

Çfarë do t'i bësh çastit
Unë sërish largohem fshehtë

Ti mendo për çastin tjetër

KADENCË

Thashë me vete
Fijet e këputura të sagës
Është mirë
Ti mbajmë në dorë

Mendjemira
Që gjithnjë rri vetun
Pusho nga një herë te votra

Kurrë s'ke qenë si sot

Sa çelë e mëshel sytë
Një fjalë
Mbiu në tokë të gjuhës
E u rrit deri në qiell

Lëshoj rrënjë deri në ka të zi

E sotmja kujdeset për nesër

Pas ujëra e dhera tjera
Një varg poeti
Bashkë me vetëtimën e tij

Tungjatjeta Drinftohti
Do të shihemi
Një ditë ndërmjet brigjeve

Bruksel 2007-02-27

73

RITET E SAJ

Në fund të fundit
Është një fillim tjetër
Dhe
S'ke ku shkon nën heshtje

Asnjë rrugë s'më çon tek ti
Më herët se sot
Perëndoj ylli im

Sa më lartë që ngjitem
Aq më poshtë më shpien mjegulla

Më pas një dashuri të hajrit
Kur s'tutesh nga asgjë
Nuk është turp me andrrua

Dhe këtë dije lum miku

Një çetë mundimesh
Dhe një mendim profetik
Vërdallë
Më sjellin tek ti

Ani pse mbështillesh në fjalën tënde
Ma bëjë një copë vend
Tek poezia

Vjenë 2006

BISEDË ME SHOKUN E LUFTËS

Para se të flasë me të
Desha ta pyes për bjeshkët

Përrenjtë që vërshonin pranverave tjera
Si u ka marr moti sivjet

Unë larg e ti afër

Është ftohur fjala
Verës si rrihet me ne

Tek banon guri shpuar nga pika
Kush këndon shpatit

Sa herët qemë nisur
Si s'mbërritëm akoma

Bruksel, 20 shkurt 2007

75

ARDHJA

E përcollën deri këtu
Nga frika e madhe nga vetvetja

Dita e nata
E përcollën marshin e saj

Morën me të
Gjithë ç'ishte për ardhje

Që këtu e në fund të shkuarjes
Na pret një e paardhur

SHKUARJA

Merr me vete të sajat
Se ja mësojnë rrugët

Krejt fijet si era i frynë
Si s'është duke ardhur më

Hap pas hapit
Si të ishte maje ikjes

Te koka e saj
Veç
Kapërcejnë vjeshtat këtu

Sa e heshtur a nisja
Si mbyllet shkuarja si vetmia

Kush e din se
Para është ardhja a shkuarja

SFOND

Akoma pres turma e ardhjes
Përcjell kolona shkuarjesh

Paska çelur mëngjesi
I marsit netëve tona të largëta

Takohemi diku përtej kohëve

PAS NJOHJES

Poet unë
Madem ti bukuroshe
Si s'na shkrepi fjala

Ç'është me këtë kohë
Ta zhbëri ëndrrën kronika
Ime
Apo të ka zënë ora e ligë

Më fol diçka për zjarrin pa tym

Pas tashit
Na presin kafja jote
Dhe vargu im i dridhjes

A more vesh

Do të vemë fund e krye botës
Bashkë bëjmë më shumë
Se ç'ta merr mendja

Kjo veç është e ditur më

Fundshtator 2006 Paris

PËR NJË TË HËNË

Dy tinguj pike
Mëngjesit të hershëm
Në dhomë
E
Mendimet që kapërcejnë
Ndodhinë

Me të thirr tani
Ajo zonja e gjumit të zgjuar
Hesht nëse mundesh

Tri pika heshtje
Orëve të para të së hënës
E
Largësia e saj që s'kapërcehet

Me të zgjuar mesazhi i saj tani
Shkruar nga dora e zonjës fjalë
Një hap më afër

Si do të rrinte
Zgjuar
Gjumi pa ne

NË VEND TË FJALËS

Deri kur nën hije
Trupi i heshtjes sate

Erdhe vet për gjurmë të erës
Mbretëreshë e askujt

Deri kur më fushat
Plot me asgjë

Jemi takuar rastësisht
Gjithçka shkoj poleve të kundërta

Deri kur t'ia fshehim vetvetes
Atë që se dimë

Erdhi e shkoj një mendim
Në vend të fjalës

Audergham, 9 mars 2007

PAK HISTORI

Erdhi një ditë një kohë
Sa e hutuar aq e gëzuar
Të bardhën as të zezën kush s'ia diti

Vetveten se gjenim
As se shihnim as e takonim

As mall s'kishim për të

Çdo gjë na jepte nga pakë
Pak frikë
Pak guxim
Hidhërim e gëzim po ashtu
Gjithçka nga pak

Të na bindte se çka është liria
E çka është çka
E shpiku një dreq të madh

Optimizmin

T'i mbaj pezull gjërat e veta
E ta mbaj ndërmend kohën
Na piku me të kuq e shkoj

Krejt atë që s'erdhi
Na mbet borxh

Qershor 2000, Pejë

PËR GOTËN
E MERAKUT

Pije njeri
Gotën tënde
Verën e kuqe të merakut të
Saj

Pije dehshëm
Shtere
E mos ia le
Pikën
Vargut
Që shkruhet vetmishtë

As kështu
I pa dehur s'je njeri

Vjeshtë 2006 Paris

ARDHJA JONË
NË PERGAMENË

Ëndrrës time
Dhe zhgjëndrrës tënde
Atdhe
Nuk iu dihet

Zhurmës tonë
As heshtjes sate
S'iu besohet

Të nesërmes time
Sikur të pasnesërmes tënde
Ua kam frikën

SPROVË PËR MATJEN E FJALËS

Diku në mes territ e dritës

Dikujt i dhimbset fjala
Përballë këngës
Ajo që prish krejt çka zë ëndrra

Diku tjetër
Poeti dhe kundërfjala
Që s'mund t'ia paraqet përmasat
Me katër

E te kroi akoma kalohet etur

Logu i fjalës së pathënë
Lëron fillin më tutje
Dhe hesht
Hesht
Pa e parë lojën me skenar

KODEKS

As e shndritshme si hëna
As e urtë si kështjella
Thonë
Ka zbrit prej së largëti
Enigma më fantastike

Akoma s'iu gjet kodi

Rritu e rritu e thinju
Bukur
Në vargun tim
Varianti i vetëm pa rival

Në dimrin me fije të holla
Flitet me gjuhën e antikodit
Kështu si Anteu
Prometheu

Ëndërrohet
Për pak kripë dashurie
Se shumë s'ia kanë dhënë kujt
Po shkuarjet e sotme
Janë stinët e tyre
Dimri ynë
Kodeks i çmendur

LOJË

Nëse s'mund të flemë sonte bashkë
Si të freskohem nesër nën hijen tënde

Ka ditë që po nguten kohët
Të më kapërcejnë mua
        Ose të të zënë ty

Nuk preket qielli me dorë
Pa emrin tënd nuk ka kuptim perigjeu

Sa të duash shko
Se s'shkohet
Lojë me efekte të verdha

Jeton Kelmendi

FRYMA

Lazdruar kam qenë mbrëmë
Të kam ëndërruar
Më të bukurën e krejt netëve
Deri ku mundet me shkel këmba e njerëzimit

Sa herë që erret u nisnin për ëndërr
Doja të isha
Bardha që mbështjell trupin
Vjeshtës ia lidh të dyja këmbët
E bukur moj më e bukura e krejt njerëzimit

Nuk bëjnë as pesë pare fjalët më të fjalëta
Lazdrake
Pse s'bëhesh më e madhe
Se fryma
Me fry kah qielli im

PARADOKS

Sa të duash
Ik prej dimrit tim
Antisagë që s'ma njeh pranverën

Te ti rritet kureshtja
Pritjes që frikëson nata
Gjumi bëri një mrekulli
Ëndërroi
Për fjetjen e saj me mua

Lirisht
Le të themi se shkoi
Të hesht ankthshëm
Veron pa më të voglën
Gajle

Ujë more ujë i etjes së saj

Vakitë zbritën sot në tokë
Siç vihet ku nuk pritet
Befas
E sollën me sy prej meje

Jeton Kelmendi

NJË ORË ME TË DHE
DY FJALË PËR NESËR

Pranverat tua me verat e mia
Si jug e veri
Lindin e perëndojnë

ANOMALI

I ka marrë ftohtë fjalës
Sivjet
Dhe s'di si ia bëjë
Heshtjes

Ka tepër zjarrmi
Heshtja
S'mund dal as te fjala

BESIMI

Më shpinte përtej fuqisë
Time
Durimin te maja që takon diellin
Ma mbante

Fryma nxjerr heshtje që
ia zbusin duhinë mëngjesit

Çka
T'i bëjmë vetes
Mos ta presim e të na vij
Pas

Niset një ardhje
Pastaj i bëhet vonë e len

Prapë se prapë vetëm

Ja, pikë ia vë fjalës
Dhe pret
Se di se kur ka kohë

Në atë tempull vë dy gurë
Bashkë
Njërin për vete e tjetrin për
Të

Dhe vazhdon pritja

Sikur
Veç ta dimë pak lojën
Do rriteshim
Bashkë me besimin

Auderghem 22 shkurt 2007

AMORFE
Asgjë për gjithçka apo gjithçka për asgjë

Matanë vetes aman
Kur i doli fjalës
Shpirti
Pse lejon zoti i saj

Enigmën e Pegasit të dritës
E preku hëna e vetmisë
Me hapin tjetër shkel
Të nesërmen
Bukës e ujit s'ka mbetur m'u besua
Etja as uria

Në fushën e një fjale
Atdhe
Sa kush kulloti e piu
Pse lejon zoti i tyre

Në muret e durimit
Sa heshtja u përplas
Neveria na çmendi për ty nostalgji
Të sotmen për nesër e lamë
Edhe ne
Pse na lejon zoti ynë

Gjithçkaje s'po të them asgjë
Ke me pa kur të dalim
Në anën tjetër

MADRIGAL

Të thirren engjëjt prej odës time
Të fjalës
Në errësirë si në madrigal
Hymë
Me fytyra ka ana e dritës
Kthyem

Një ofshamë e butë

Më shumë ditë feste duhen
Për festim
 mbet me thënë se
Ceremoninë
Mund ta bëjmë kur të duam
Unë e ti e terri
Krushq yjet në qiell

Dy herë ke ditë me fol
Më së bukuri
Dhe fryma u pajtua ato çast
Kur të vish me ditë
Kthimi me natë se
Rruga ka vaki

Dhe e dyta
Goja as shpirti s'falin
Po s'ta thash
Këngën time të zemrës

Fol tash lum poeti

Njeri
Më thuaj për artistin
Ku të ka mendja
Mos
Të çuan përtej vetvetes

Heshtja më e sigurt në botë
Nuk të garanton
Qetësi

Udhëve ua lidhem këmbët

Gjithçka filloj të shtohet
Veç diçka të pakësohet

Mikës
Poetit e vargut nga një frymëmarrje
Më shumë
Secilës bisedë nga një
Presje
Sa herë vjen e premtja
Do ti lutem qiellit e zotit
Për natën tonë
Tjetër

E PARA

Edhe mbretëresha e krejt vakive
Çuditet sa do të rrinë
Ëndërrimet e bardha përtej ujërave

Fuqinë e intuitës e lodhi
Kotësia
Te e dashura kurrë nuk shkohet
Pa një copë motiv
Dhe fije gëzimi

Edhe Van Gogu kur s'pati
Tjetër
la bëri disi

Kam dëgjuar të thonë
Prej vetes ruaju
Ti ruash të tjerët
Dashurisë s'i dihet me sa natës
Gjithnjë e mistershme
Çka sjell për darkë
E zë terri

Mendja më ka shkuar larg
Edhe më përtej gjumit

Akoma s'dihet çka ka
Matanë njerëzimit
As heshtjes

E DYTA

I mori lagët anës
Kah vjen hija e trupit të saj

Lirikës iu zbardh ashti i hijes
Sa prisnim ritet e muzgut
Baba
Teksa isha fëmijë
Ma pati mësuar emrin e një luleje
Që kur rritet
Çel si vajza kur lutet për dashuri

Në pritje të lutjes shterpë
I vura pikë kësaj pune
E kapërceva në anën tjetër

Sytë dhe flokët e lehta
Janë hyjnitë e dritës
Që m'u ranë trup e tërthor
Ëndrrave

Natë më të dalldisur
S'kanë pa ëndrrat e poetit

E TRETA

Mos më vetmo natë e sotme
Nuk jam për ëndrra
Kah i bie terr i zhgjëndrrave
Në mendjen time

Kësulë e mendimit
Si se shkunde hijen
S'u tunde
As s'më le jashtë kësule
Është frymë që nuk frynë
Pej meje
E më rrahin stuhitë
Prej natës vetëm largësitë s'ikin

Kafja ime e pa pirë
Gota e tharë e rakisë
Ndoshta s'më dehni

ÇAST PËR ADMIRIM

Se kam të qartë
Do të flet apo hesht

Lirike si magjia e Helenës
Lojë me pamje të rralla

Stisje është takimi tjetër
Ose do të mësoj më shumë
Për fjongon

Faji i zhgjëndrrës
Pse s'është e nesërmja sot

DRAMË

Akti i parë

Mbase
Dje t'u dukë tepër shumë
Si s'tu kujtua
Kah i bie kufiri ndërmjet
Hidhërimit e gëzimit

Ku t'i biem
Më për trup kësaj rruge
Kah dhe qysh

Akti i dytë

Mbase
Nesër do të jemi tepër pak
Dil te kroi i etjes
Priti
Tana ardhjet e hershme

Ajo që s'do të vijë
Fare
Është e imja

Akti i tretë

Dhe
Sot s'është në orar askush
Blejë biletën për rrugëgjatën

Në çdo stacion të
Shkrimit
Do e gjesh nga një presje
Për ty
Nga një pikëpyetje për mua

DIMRI I SHKËPUTJES
SË MADHE
Ibrahim Rugovës

S'të kam parë
Kurrë
Kaq të heshtur
Guri ynë prej ari
Të shkosh përtej vetvetes
Matanë
A nuk gjete tjetër ditë

Te Kodra e Dëshmorëve
Gjatë
Ke për të pushuar
Ëndërro
Dhe lutu për Dardaninë
Tënde

Dimri i vetmisë të ka rënë
Ndër vetulla
Gjithçka erdhi me lotin
Mot i madh
Dita e shkëputjes
Janar, janari i zisë

Heshtak i asaj që s'flitej
Kolos i fjalës dhe i zhgjëndrrës
Si i mblodhe frymët
Ditën
Që kapërceu kufijtë
Malësor
Sa peshë të kishte fjala

KODI IM PËR NESËR

Kah do t'ma kenë
Nisur ditën e nesërme
Ku hijen e djeshme

Te guri i padukshëm
Duken ëndrra e zhgjëndrra
Ujë e bukë antinjeriu

Janë lodhur reshje e kroje
S'u rridhet ma kah ne

Vjeshtës m'ia morën
Qiellin
Nuk ma lan as pak dimër

E sotmja ime s'ka mbetur
As me nesëruar

Ma gjenë kush
Kodin
Tim për nesër

PURTEKJE

Nëse nuk ke
Kohë
Më shumë
Mi fal pesë
Minuta
Shoqërim me ty
Dhe bëjë si të duash
Pastaj

Në daç shko përtej mundësisë
Ose
Vallëzomi vetmisë së ankthshme

Unë
Me pesë minutat tu
Kapërcej stinë e mote
Dimra e vera
Pak
Para se të kaloj kufijtë
E mi
Do të pushojnë
Drita e terri në
Buzë
Shtrihen për së gjati

Sonte prejudikoj
Atë që duhet thënë
Që duhet bërë

PËR VAJZËN

Sa të vetmohet
Fjala
Merr pak kohë
Timen
Natë e ditë shushurinë
Për ty

Këngët e mia për
Gjethet
Ti fali
Sonte
Shikimet e buta

Muaj im për miken

Për qejfin tënd
Do të mësohem
Ti bie kitarës
As bar as gjelbërim
Mos çeltë
Për ty
Kam me hy në pranverë

ËNDRRA E SAJ

Erdh e mori krejt pamjet me katër
Ajo zonjusha bukë vargu
Dhe ma la një dilemë
Është vetë poezia
Apo fjala është zonjusha
Mbretëreshë që ndryshon kuptim
E din edhe guri
Derisa ia zbardh fytyrën
Dielli im
Ma kërkon zërin e zemrës
M'i ka marrë mot motmotit
Edhe të tillë më do
Gjithsesi vargu ka zjarrmi

LETRAT

Nesër kujt t'i thërrasim

Nga i ka nisur fryma letrat
Nuk u gjet një më e shkruar
Se tjetra

Sa fort janë rralluar

Ka ditë
Që po pret me ardhë
Një zog i zi
Me njërin krah ta zë gjysmën e qiellit

Kujt i bie ana tjetër

Në shuplakë të dorës
Shikon veten
A thua
Kujt t'i thërrasim nesër

ZESHKANES

Zeshkania është
Udhëtimi i parë

Veç prej hijes së saj
Nis të dalë barë

Fjalët me zeshkanen janë hymn
Kënduar rrugëtimit për dashuri

Bri shikimit sytë e saj të kaltër
I vë në cep të mendimit e pushoj

Të nesërmen asaj
Veç unë i mungoj

USHTIMA

Merr pak qiell tëndin
Të natës së sotme
Na mbet pa mbuluar lëkura

S'ma merr mendja t'i shoh
Polet e tjera
Pa qiellin Tënd e Timin
Të na rri përmbi

Pusho e dashur
Qiellin nga fryma do ta nxjerr

Do ta bëj fjalën zog
Cicërima nga gjumi do të zgjoj

Tiranë 04 prill 2005

PAK ME VONË

Do të më dalë
Te guri i fjalës

Për ty do të dal edhe unë

Do t'i pres gjatë
Krejt shkuarjet
Krejt ardhjet

Atëherë do të nisem

BUKURIA E BUKURIVE

Ani kujt si vashës
I rri mirë bukuria

Në sytë e saj veç
Gurron dashuri lirie

Ç'bukuri e vashës
Ç'bukuri e vargut

Lumë bukuria për to

INSINUATË

N'u plaksha
Pa shkruar edhe ca vargje dashurie
Plak prej guri quamëni

Fortësi guri do të thonë kishte

N'u plaksha
Pa kënduar këngë dashurie
Në zjarrin e heshtjes
Zjarr bëj

Dashuri
Bukuria e vargjet bashkë rrjedhin
Për ty e atdheun

NUDO

Me askënd s'do ta ndërroja
Gjuhën
Sonte me ty po
Një orë
Dy
Tri
Sa ta prek fundin e fjalës
Të gjitha do t'i thosha
Nudo
Ashtu si puthjen e parë

Më je e akullt në sy
Zjarr në brendi

Nudo
Me askënd s'do të ndërroja

PËRMBAJTJA

BIOGRAFIA

Jeton Kelmendi, poet, dramaturg përkthyes letrar dhe publicist, lindi më 1978 në Pejë.

Shkollën fillore dhe të mesmen i kreu në vendlindje, ndërsa studimet për Komunikim Masiv në Prishtinë, kurse studimet post-diplomike në ULB - Universitetin e Brukselit (Politikat ndërkombëtare dhe çështjet e sigurisë). Vite me radhë shkroi dhe botoi poezi, prozë, ese dhe tregime. Është bashkëpunëtor i shumë medieve, shqiptare e të huaja, ku trajton çështjet të ndryshme kulturore dhe politike, sidomos që kanë të bëjnë me raportet ndërkombëtare. Si emër Jeton Kelmendi u bë i njohur për lexuesin në Kosovë me përmbledhjen e parë me poezi "Shekulli i premtimeve", të botuar më 1999. Në vijim botoi edhe një serë librash të tjera. Poezitë e tij u përkthyen në më shumë se 25 gjuhë të huaja, u botuan në disa antologji ndërkombëtare, duke bërë kështu të jetë poeti më i përkthyer shqiptar. Ai është përfaqësues i denjë i poezisë moderne shqiptare është thënë nga kritika letrare. Kelmendi është anëtar i disa klubeve ndërkombëtare të poetëve dhe bashkëpunon me disa revista letrare e kulturore, sidomos në gjuhët angleze, franceze dhe rumune. Qenësia e punës së tij në fushën e artit letrar është kujdesi që i kushton të shprehurit poetik, shtjellimit modern të tekstit dhe thellësisë së mesazhit. Në krijimtarinë e tij veçohet sidomos lirika e dashurisë dhe vargu eliptik i ndërthurur me metafora dhe simbole artistike. Është veteran i luftës që bëri UÇK-ja më 1998 -1999.

Aktualisht punon dhe jeton në Bruksel.

Tituj të veprave

- Shekulli i Premtimeve, 1999, poezi
- Përtej Heshtjes, 2002, poezi
- Në qoftë mesditë, 2004, poezi
- Më fal pak Atdhe, 2005, poezi
- Ku shkojnë ardhjet, 2007, poezi
- Zonja Fjalë, 2007, dramë
- Erdhe për gjurmë të erës, 2008, poezi
- Koha kur të ketë kohë, 2009, poezi
- Rrugëtimi i mendimeve, 2010, poezi
- EU mission in Kosova after its independence, 2010,politikë SHBA
- Misionet NATO-s dhe BE-së, kooperuese apo konkurruese 2012 politikë
- Kohë e keqe për dijen 2012 publicistikë

Libra në gjuhë tjera

- Ce mult s-au rãrit scrisorile / Sa fortë janë rralluar letrat, antologji personale në gjuhën rumune, 2008,
- Breath / Fryma, botuar në Indi, 2009.
- Dame parol/drama; botuar në Francë, 2011
- COMME LE COMMENCEMENT EST SILENCIEUX /(Ku fillon heshtja), poezi; Paris, Francë, 2011
- ΠΟΥ ΠΑΝΕ ΟΙ ΕΡΧΟΜΟΙ/ (Ku shkojnë ardhjet), poezi, Greqi, 2010
- Wie wollen /(Si me dashtë), poezi, Gjermani, 2011
- Nasil sevmeli /(Si me dashtë) poezi, Turqi, 2011
- A Palavra Evitou o Silêncio/(Fjala kapërcen heshtjen) 2009, Brazil
- How to reach yourself/(Si ta takosh vetveten), poezi, SHBA, 2010
- Frau wort (Zonja Fjalë) Dramë Gjemani 2012

- "فـذحلل لصاوف " (Tri eliptikat) Poezi Egjipt 2012
- HA BEPXIB'Ï ЧАСУ (Në krye të kohës) Poezi Ukrainë 2012

Mirënjohje ndërkombëtare dhe kombëtare

- "Çmimi i madh ndërkombëtar Solenzara Paris"
- Çmimi kombëtar Mitingu i Poezisë "Din Mehmeti" - Gjakovë 2011
- Anëtar i Asociacionit të gazetarëve profesionit të Evropës, Bruksel
- Anëtar i Akademisë së Shkencave dhe Arteve të Evropës, Paris
- Anëtar i Akademisë së Shkencave dhe Arteve të Ukrainës, Kiev